Hermann Markgraf

Geschichte Breslaus in kurzer Übersicht

Hermann Markgraf

Geschichte Breslaus in kurzer Übersicht

ISBN/EAN: 9783743655010

Hergestellt in Europa, USA, Kanada, Australien, Japan

Cover: Foto ©ninafisch / pixelio.de

Weitere Bücher finden Sie auf **www.hansebooks.com**

Geschichte Breslaus

in kurzer Uebersicht.

Von

Herm. Markgraf,
Stadt-Archivar.

Mit dem Wappen der Stadt nach dem Wappenbriefe vom 10. Juli 1530.

Breslau.
J. U. Kern's Verlag (Max Müller).
1888.

Landesherren Breslaus.

1163—1335 eigene Herzöge aus dem Stamme der polnischen Piasten.

1335—1741 die Könige von Böhmen, größtentheils aus luxemburgischem (1335—1437) und habsburgischem (1537—1740) Stamm.

Von 1741 ab die Könige von Preußen aus dem Hohenzollernhause.

I. —1241. Breslau als polnischer Ort unter piastischen Herzögen.

Die Anfänge der Stadt sind in Dunkel gehüllt, die Angaben der älteren Schriftsteller darüber sind bloße Fabeln.

1000 Erste Erwähnung eines Breslauer Bischofs Johannes als Suffragan des Erzbischofs von Gnesen.

1017 Erste Erwähnung einer Breslauer Burg, in der sich der polnische Herzog Boleslaw Chrobry während des Feldzuges des Kaisers Heinrich II. in Schlesien aufhält.

1041 Schlesien mit Breslau bleibt in dem Frieden zwischen Kaiser Heinrich III. und dem Herzog Bretislaw von Böhmen im Besitze des letzteren.

1046 oder 1051 Fixirung des bis dahin weder regelmäßig besetzten, noch eine feste Stätte habenden schlesischen Bischofssitzes in Breslau, auf der Dominsel, die auch der Sitz der ältesten herzoglichen Burg war. Die letztere lag am Westende der Insel; die der jetzigen Blindenanstalt gegenüber gelegene kleine Martinikirche war ehemals die Burgkapelle.

1054 Herzog Bretislaw von Böhmen giebt Breslau an Kasimir von Polen zurück.

Um 1100 ist Breslau neben Krakau und Sendomir ein Hauptsitz des polnischen Reiches.

1100--1150 Gründung des Klosters zu St. Vincenz, besetzt mit polnischen Benedictinern, später mit Prämonstratensern, hinter dem Lehmdamm, in der Gegend der Michaelskirche, welche selbst ursprünglich dem Kloster einverleibt war; Gründung des Klosters zu U. L. Frauen auf dem Sande, besetzt mit Augustiner Chorherren von wallonischer Herkunft, die sich indeß früh germanisirten, und der Adalbertskirche auf dem linken Oderufer, alles durch den reichen Grafen Peter Wlast.

Zwischen 1150—1200 Erster Steinbau der Domkirche.

Um 1200 Nikolaikirche im Westen, Mauritiuskirche im Osten vor der Stadt. Letztere Kirche bildete den geistlichen Mittelpunkt einer wallonischen Kolonie, die hauptsächlich aus Webern bestand (noch 1366 Weberdorf genannt). Um dieselbe Zeit wohl auch bereits eine neue herzogliche Burg auf dem linken Oderufer und an derselben Seite ein Kaufhaus der Deutschen. Aelteste Ueberbrückung der Oder, in der Mitte sich auf die Sandinsel auflehnend, nach der ansehnlichen Ortschaft Elbing hinter dem Lehmdamm hinüberführend.

1214 Gründung des wahrscheinlich von Anfang an deutschen Hospitals zum heiligen Geist durch die Augustiner vom Sande. Die Urkunde, durch welche Herzog Heinrich I. dem Sandstifte den Platz dazu gegenüber dem Stift auf dem linken Oderufer schenkt, ist die älteste Urkunde des Stadtarchivs.

Unter den Zeugen dieser Urkunde ist der letzte der Schultheiß Godinus, der als der Vorsteher der deutschen Gemeinde anzusehen ist, die auf der linken Oderseite entstanden war. Sie bildete bereits einen Marktort, zu dessen Gunsten Herzog Heinrich in demselben Jahre die bis dahin dem Vincenzkloster zustehende Jahrmarktsgerechtigkeit aufhob.

1226 Die Adalbertskirche, die als die Pfarrkirche dieser schon bestehenden deutschen Gemeinde auf der linken Oderseite gelten muß, wird vom Bischof Lorenz der Seelsorge entzogen und den Dominikanermönchen überwiesen. Wahrscheinlich gab der Bischof den Deutschen durch die Erbauung der Magdalenenkirche dafür Ersatz.

1229 Alexander Schultheiß der deutschen Gemeinde.

Um 1240 Franziskaner- oder Minoritenkloster zu St. Jakob gegründet.

1241 Beim Einfall der Mongolen oder Tataren in Schlesien flüchten sich die Einwohner Breslaus in die Burg auf der Dominsel, deren Besatzung alsdann die durchweg noch hölzernen Häuser der Stadt auf dem linken Ufer den Flammen preisgab.

II. 1242–1335. Entwickelung Breslaus als deutsche Stadt unter piastischen Herzögen.

1242 Neugründung Breslaus als deutsche Stadt durch Herzog Boleslaw, den ältesten Sohn des bei Wahlstatt im Kampfe gegen die Mongolen gefallenen Herzogs Heinrich II, auf dem vom Flusse entfernter und höher gelegenen, vor dem Mongolenbrande noch nicht mit Häusern besetzten Gebiet. Anlage des großen Ringes als deutschen Kaufhofes und Erbauung der von ihm aus oder mit seinen Seiten parallel gehenden Straßen. Der Salzring, jetzt Blücherplatz, als slawischer Kaufhof. Im Süden und Westen Kaufmannsviertel, im Norden und Osten Handwerkerviertel. Das Gebiet an der Oder bleibt herzoglich, wird aber von den Fürsten größtentheils an geistliche Stiftungen vergeben. Kaufkammern (40 an der Zahl, in zwei Reihen einander gegenüberliegend, an der Stelle der jetzigen Elisabethstraße) und Fleischbänke errichtet. Ein innerer und ein äußerer Graben umschließen die neu gegründete Stadt, soweit sie nicht an die Oder und Ohlau stieß. Nur das Gebiet innerhalb des inneren Grabens ist zunächst mit Häusern besetzt; zwischen dem inneren und äußeren Graben liegen Gärten.

1245 Breslauer Kaufleute gelangen in Gesellschaft des im Auftrage des Papstes über Breslau zu den Mongolen gehenden Minoritenbruders Johann von Plano Carpini bis nach Kiew im Lande der Reußen.

1248 Herzog Boleslaw im Kampfe mit seinen Brüdern belagert Breslau dreimal, ohne Erfolg.

1253 Die Herzöge Heinrich III und Wladislaw gründen das Elisabeth-Hospital und übergeben es den Kreuzherren vom rothen Stern zu St. Matthias. Denselben wird auch die Parochie und Kirche zu St. Elisabeth, die etwa 1245 gegründet ist, einverleibt.

1254 Der Vogt und die 12 Schöffen von Breslau erwähnt. Der Vogt Heinrich, welcher im Auftrage des Herzogs die neue Stadt gegründet hatte, übte in ihr im Namen des Herzogs die Gerichtsbarkeit. Die Schöffen aus der Bürgerschaft halfen ihm das Recht finden. Er hatte außer einem Drittel der Gerichtsgefälle auch noch andere Einnahmequellen aus der Stadt. Die Vogtei war erblich.

1257 Gründung des Klarenstiftes durch die Wittwe Heinrichs II, Herzogin Anna.

1261 Die Schöffen von Magdeburg theilen das Recht ihrer Stadt dem Herzoge Heinrich III und der Stadt Breslau mit. Der Herzog beglaubigt es für die Stadt, indem er sein Siegel neben das der Magdeburger Schöffen an die noch vorhandene Urkunde hängt. Erst dadurch wird Breslau im vollen Sinne eine deutsche Stadt.

1263 Herzog Heinrich III gründet die Neustadt jenseits der Ohlau, die damals in der Nähe des Stiftes zum heiligen Geist in die Oder floß. Schon vor dieser Gründung muß der Neumarkt mit den vor ihm gelegenen neuen Fleischbänken entstanden sein.

1264 Das Hospital zum h. Lazarus für Aussätzige hinter der Mauritiuskirche gegründet.

1266 Herzog Heinrich III verkauft die 24 Fleischbänke auf dem Neumarkt an drei Breslauer Bürger, ebenso an zwei andere Bürger die 47½ Krame (lagen im jetzigen Eisenkram).

Zum ersten Male die Rathmannen genannt.

1267 Gründung der ersten Stadtschule bei St. Maria Magdalena, wozu ein hier weilender päpstlicher Legat, der die schlesische Geistlichkeit zu einer Synode versammelt hatte, die Erlaubniß giebt; älter ist die Domschule.

1271 Herzog Heinrich IV erlaubt der Stadt 16 (später 32) Brotbänke zu errichten. Die Zahl derselben stieg später bis auf 78. Sie lagen in dem jetzigen Töpferkram und sind erst nach der Einführung der Gewerbefreiheit 1809 abgelöst worden.

1272 Derselbe gewährt der Stadt das Meilenrecht, wonach innerhalb der Bannmeile rings um die Stadt sich kein Gewerbtreibender ansiedeln durfte.

1273 Derselbe gewährt ihr das Recht, Schuhbänke zu errichten. Ihre Zahl stieg allmählich bis auf 86, sie lagen auch im jetzigen Töpferkram und wurden auch erst nach Einführung der Gewerbefreiheit abgelöst. Ferner gewährt der Herzog das Schrotamt, die Bleiwage, das Innungsrecht. Die Innungen sind in Breslau so alt, wie der Gewerbebetrieb überhaupt. Stiftungsbriefe der älteren Innungen giebt es nicht. Alljährlich wählten die Innungen Geschworene oder Aelteste als ihre Vorstände, die vom Rath bestätigt wurden.

1274 Derselbe beschränkt das Niederlagsrecht in seinen Landen allein auf Breslau. Darnach mußten alle durch sein Land geführten Kaufmannswaaren über Breslau gehen und hier zum Verkaufe ausgestellt werden.

Indem so die Manufacturwaaren des Westens nur bis Breslau geführt wurden und ebenso die Rohproducte des Ostens hier Halt machten, entwickelte sich Breslau zum Handelsplatz.

1276 Derselbe beurkundet und erneuert den Bürgern das Recht auf die städtische Viehweide zu beiden Seiten der Oder. Der Stadtbezirk (das Weichbild) erstreckte sich bis an die Enden der Viehweide; bis dahin galt Stadtrecht.

1277 Derselbe giebt dem Rathe die Aufsicht über den Verkauf von Wein und Lebensmitteln.

1283 Derselbe bestätigt das Magdeburger Recht mit den von den Bürgern willkürlich hinzugefügten Sätzen.

1287 Beginn des amtlichen Verzeichnisses der Rathsmitglieder, welches bis 1741 in unmittelbarer Folge Jahr für Jahr fortgeführt worden ist. 6, später 8 Rathmannen und 11 Schöffen, jährlich am Tage vor Aschermittwoch durch die alten Mitglieder neu gewählt, regieren die Stadt. Indem späterhin die Mitglieder sich selbst wiederzuwählen pflegen, werden die Aemter allmählich lebenslänglich, doch blieb bis zum Eintritt der preußischen Herrschaft die jährliche Neuwahl formell bestehen. Ebenso schwuren die Aeltesten der Kaufmannschaft und der Innungen, die ja auch jährlich wechselten, den neuen Rathmannen alljährlich den Eid der Treue.

Streitigkeiten des Raths mit dem Erbvogt über die Rechte desselben werden wiederholt durch herzogliche Entscheidung beigelegt. In der Folge gelingt es dem Rath, die Vogtei von ihren Inhabern abzulösen. Die Einlösung des letzten Viertels im Jahre 1329. Seitdem führt der Erste oder Aelteste des Raths den Vorsitz im Gericht, läßt sich aber in der Folge durch einen jedes Jahr dazu neu gewählten Beamten vertreten, der den Titel Stadtvogt führt, aber nicht Rathsmitglied ist.

1288 Herzog Heinrich IV errichtet das Kollegiatstift zum h. Kreuz auf der Dominsel.

1291 Nach der inzwischen erfolgten Vollendung der Stadtmauern führt Herzog Heinrich V den Ohlaufluß als inneren Stadtgraben um dieselben herum. Bald fängt auch der Raum zwischen dem inneren und äußeren Graben an sich mit Häusern zu bedecken.

1293 Gründung der zweiten Stadtschule bei St. Elisabeth.

1295 Dominikanerinnenkloster zu St. Katharina gestiftet. Hier traten hauptsächlich Bürgertöchter ein, während St. Clara von adligen Jungfrauen bevorzugt wurde. Meistens fand eine Art Einkaufung in das Kloster statt.

Neue Erweiterung des Magdeburger Rechts. In den Jahren vorher und nachher wird wiederholt das Breslauer Recht andern schlesischen Städten mitgetheilt. Aus dieser Zeit stammen auch die ältesten Handwerkerstatuten.

1305 Das Recht des Tuchhandels oder Gewandschnittes, welcher im ganzen Mittelalter den Haupttheil des Breslauischen Handels ausmachte, wird von Herzog Boleslaw III auf die Kammern im Kaufhause, das man deshalb auch Tuchhaus oder Gewandhaus nannte, beschränkt. Daher entwickelt sich wiederholt schwere

Zwietracht zwischen den sehr zahlreichen Tuchmachern und den zu Kammerrecht stehenden Tuchkaufleuten.

1309. 1310 Die Stadt löst zur Beförderung ihres Handelsverkehrs von den Herzögen alle Zölle in der Umgebung der Stadt ab.

1315 Verhandlung über die Grenze des Judenkirchhofes außerhalb der Stadtmauer im Anfang der Wallonengasse (später Walen-, Wal- und zuletzt aus Mißverstand Wallgasse, jetzt Klosterstraße genannt). Juden finden sich frühzeitig in Breslau; in der ältesten Stadtrechnung von 1299 werden schon Steuern von ihnen verrechnet. Sie zahlten von ihren Häusern die regelmäßigen Steuern, daneben andere für die Befreiung von den Lasten, zu denen die Bürger verpflichtet waren, wie Wachtdienst u. dergl. Sie hatten besondere Schutzbriefe vom Herzog und vom Rathe.

1324 Eine Rathswillkür verordnet, daß in der Stadt nur noch steinerne Häuser gebaut werden.

1327 Aeltester Zolltarif. Aelteste Krämerordnung. Strike der Gürtlergesellen.

Herzog Heinrich VI vereinigt die Neustadt mit der Altstadt, doch behält die erstere noch in manchen Dingen eine gewisse Selbständigkeit, z. B. einen besonderen Vogt.

Derselbe Herzog, welcher kinderlos ist, verschreibt dem König von Böhmen den Anfall des Fürstenthums Breslau nach seinem Tode. Das einst ganz Mittelschlesien umfassende Fürstenthum Breslau war allmählich in seinen Grenzen sehr beschränkt worden. Gegen Westen umfaßte es noch das Gebiet von Neumarkt mit, gegen Süden stieß es an den bischöflichen Halt Kanth, von Norden und Nordosten her schob sich die Grenze des Fürstenthums Oels bis nahe an die Stadt heran, so daß Hünern und Hundsfeld jenseits der Weide schon zu Oels gehörten, gegen Osten grenzte es an den zum Brieger Fürstenthum gehörigen District von Ohlau. Als Karl IV 1359 den Namslauer District von Polen gewann, vereinigte er ihn mit dem Fürstenthum Breslau.

1328 Beginn des Rathhausbaues. Der älteste Theil ist die Ostseite.

1333 Aufstand der Tuchmacher gegen den hauptsächlich aus Kaufleuten bestehenden Rath, ohne Erfolg. Die Anstifter büßen theils mit Verbannung, theils mit dem Tode. Die meisten Tuchmacher wohnten in der Neustadt und auf dem Ketzerberg, sie bildeten eine Zeit lang drei Innungen; eine altstädtische, eine neustädtische und eine auf dem Ketzerberg, die aber bald wieder eingeht. Die neustädtische Innung war immer größer als die altstädtische.

III. 1335—1389. Mittelalterliche Blüthe der Stadt unter den ersten Königen von Böhmen.

1335 Durch den Tod des letzten piastischen Herzogs Heinrich VI geht das Fürstenthum und die Stadt an den König Johann von Böhmen aus dem Hause Luxemburg über. Derselbe überträgt die Verwaltung des Fürstenthums einem Landeshauptmann.

1336 König Johann gewährt dem Rathe das Salzmonopol, der Salzring ist der jetzige Blücherplatz. Auf ihm standen bis in das 19. Jahrhundert hinein die Salzbauden.

1337 König Johann schafft das polnische Zaudenrecht in der Stadt und im Fürstenthum gänzlich ab; er befreit die Stadt vom Landgericht; er verleiht ihr einen zweiten Jahrmarkt (Mitfasten- oder Lätaremarkt; der älteste war der am Feste des Patrons der Domkirche, des h. Johannes des Täufers, daher Johannismarkt genannt).

1339 Die Kaufleute schließen sich zu einer Compagnie zusammen.

1340 König Johann gestattet dem Breslauer Rathe die Einfuhrzölle in Breslau und Lissa abzulösen und aufzuheben. Da der Rath in einem Streite des Königs mit dem Bischof Nanker auf der Seite des ersteren steht, so verhängt der Bischof über den Rath den Bann und über die Stadt das Interdict. Streit des Raths mit dem Ketzerrichter Johann von Schwenkenfeld.

1342 Großer Brand.

Verfassungsänderung. Wahl von 32 lebenslänglichen Rathmannen, von denen in regelmäßiger Abwechselung immer 8 das Regiment führen sollen. Von König Johann bestätigt, von seinem Nachfolger Karl IV im Jahre 1348 wieder abgeschafft.

1345 Beginn der Schöffenbücher, in welche alle Käufe und Verkäufe liegender Gründe und Geldrenten eingetragen wurden.

1350 Judenverfolgung, wohl bei Gelegenheit eines großen Brandes. Bei seinem Regierungsantritt 1327 hatte

König Johann den Juden ihren Schutzbrief bestätigt, sie zahlten ihm dafür ein Schutzgeld und hießen seine Kammerknechte. Im Jahre 1341 gab er ihnen einen neuen Schutzbrief auf 10 Jahre, in welchem auch die Einwanderung fremder Juden erlaubt ist. Streit mit den Juden über die Ausdehnung ihres Geschäftsbetriebes schon seit Beginn des 14. Jahrhunderts. Bedrückungen. 1345 erlaubt der König die Leichensteine des jüdischen Kirchhofs zum Mauerbau zu verwenden. Auch in den Kellergewölben des Rathhauses sind welche gefunden worden. Auf Grund persönlicher Schutzbriefe werden einzelne Juden bald wieder zugelassen.

1357 Der Rath erlangt die Landeshauptmannschaft über das Fürstenthum Breslau, zuerst bis 1359, dann 1360—1369, unter König Wenzel nur in dem einen Jahre 1403, endlich unter König Sigismund 1424, von wo ab er sie mit geringen Unterbrechungen bis 1636 behauptete. Der Senior oder Aelteste des Raths führt deshalb den Titel Hauptmann.

1359 Befreiung der Breslauer Kaufleute von der Niederlage in Prag.

Karl IV verleiht der Stadt eine Leinwandbleiche mit den Freiheiten und Rechten, welche die Bleichen in Schwaben haben. Es dauert indeß noch längere Zeit, ehe das Leinengewerbe in Schlesien und seiner Hauptstadt zur Blüthe gelangt.

1360 Karl IV verleiht der Stadt das Recht, Goldmünzen zu prägen, ebenso 1362 die Hellerprägung. Doch sind keine von der Stadt in dieser Zeit geprägten Goldmünzen bekannt.

1362 Neuer Stadtbrand und neue Judenverfolgung.

1365 Die Breslauer Kaufleute werden in Ungarn den Pragern und Nürnbergern gleichgestellt.

1367 Vertrag des Raths mit Meister Petzold dem Schmied, daß er die große Stadtuhr in Ordnung halte.

1369—1370 Großer Streit des Raths mit dem Domkapitel wegen der Ausdehnung der städtischen Gerichtsbarkeit über die Diener und Hintersassen der Geistlichkeit. Der Papst überläßt die Entscheidung dem Kaiser, dieser erkennt zu Gunsten der Stadt.

1374 Aelteste Kleider- und Hochzeitsordnung der Stadt.

Die Stadt erhält von Karl IV den dritten Jahrmarkt (Elisabethmarkt).

1377 Aelteste Bauordnung.

1378 Tod Karls IV. In die Zeit seiner für die Stadt sehr segensreichen Regierung (1346—1378) fällt die Erweiterung der Stadt, indem das ganze Gebiet zwischen dem inneren und äußeren Graben mit Häusern bebaut wird. Errichtung einer neuen weiteren Mauer, um die sich der jetzige Stadtgraben herumzieht. Abschluß der mittelalterlichen Stadt. Die Eintheilung derselben in 4 Viertel hat wohl von Anfang an bestanden, zuerst erwähnt 1303. Das Kaufmannsviertel oder reußische Viertel von der Schweidnitzerstraße bis zur Reuschenstraße; das Fleischerviertel oder Oberviertel von der Nikolaistraße bis zur Schmiedebrücke; das große oder Neumarktische Viertel von der Schmiedebrücke bis zur Albrechtsstraße; das Kürschnerviertel oder Ohlauer Viertel von der Albrechtsstraße bis zur Schweidnitzerstraße. Nicht nur als Steuerbezirke, sondern auch, namentlich in späterer Zeit, als militärische Bezirke haben die Viertel Bedeutung. Kirchlich wird die Altstadt in die beiden Parochien zu St. Elisabeth und St. Maria Magdalena eingetheilt, die Neustadt bildet den Pfarrbezirk der Kirche zum h. Geist.

Neubau der Pfarrkirchen zu St. Elisabeth und St. Maria Magdalena, der sich bis ins 15. Jahrhundert hineinzieht, der Sandkirche (deren innere Einrichtung erst um 1700 den jetzigen Charakter erhalten hat), des Langhauses der Domkirche, des westlichen Theiles der Kreuzkirche, der Ostseite des Rathhauses. Gründung der Dorotheenkirche und des dazu gehörigen Klosters der Augustinereremiten. Erbauung der kaiserlichen Burg auf dem Platze der jetzigen Universität. Herrschaft des gothischen Baustils. In derselben Zeit Blüthe des Breslauer Handels, namentlich nach den Niederlanden, nach Polen und nach Venedig. Großer Reichthum einzelner Kaufleute.

1381 Der Pfaffenkrieg, hervorgerufen dadurch, daß die Breslauer dem Domdechanten, Herzog Heinrich von Liegnitz, ein ihm zugesandtes Faß Schweidnitzer Bier confiscirten, wofür das Domkapitel die Stadt mit dem Interdict belegte.

1385 Beginn der Signaturbücher, in die alle vor dem Rath geschehenen Handlungen der freiwilligen Gerichtsbarkeit und die Polizeistrafen (daher libri excessuum et signaturarum) eingetragen wurden. Sie enthalten alljährlich nicht nur die Liste der Rathmannen und Schöffen, sondern auch die der Geschworenen oder Aeltesten der Kaufmannschaft und der Innungen oder Zechen.

IV. 1389—1439. Die Zeit der inneren Verfassungskämpfe.

1389 Beginn der städtischen Verfassungskämpfe zwischen den Kaufleuten und den Zünften, die dadurch hervorgerufen werden, daß in der für den Handel Breslaus so günstigen Zeit die Kaufleute das Regiment in der Stadt, d. h. die Besetzung des Rathstisches und der Schöffenbank allein an sich gebracht und die Handwerker ganz davon ausgeschlossen hatten. Daher wollen diese sich nicht nur die Wiederzulassung zum Rath, sondern auch eine von ihm unabhängigere Stellung mit Gewalt erzwingen. 50 Zünfte schließen sich zu einer Einigung gegen den Rath zusammen.

1390 König Wenzel giebt den einzelnen Zünften Breslaus neue Statuten ohne Anhörung des Raths. Da diese Statuten im J. 1420 durch seinen Nachfolger Sigismund sämmtlich eingefordert und für ungültig erklärt wurden, so hat sich keine im Original und haben sich nur wenige in Abschrift erhalten. Vor 1390 hat es wohl einzelne Bestimmungen über den Gewerbebetrieb, aber keine zusammenfassenden Statuten für die einzelnen Innungen gegeben.

In den nächsten Jahren giebt es meist unruhige Rathswahlen; die schwankende Haltung des Königs Wenzel, welcher bald für, bald gegen die Zünfte eingriff, ließ die Bewegung nicht zur Ruhe kommen. Bald gesellt sich auch steigende Finanznoth dazu.

1400 Gründung des Hospitals für aussätzige Frauen nebst Kirche zur h. Ursula und ihren 11000 Jungfrauen.

1412 Die Stadt erhält von König Wenzel einen vierten Jahrmarkt, der zuerst an Bartholomäus, dann seit 1481 an Kreuz Erhebung abgehalten und daher Crucismarkt genannt wird.

1417 Der König setzt bei der zunehmenden Verwirrung in der Stadt dem Rathe eine Stadtschulden-Verwaltungs-Commission von 4 Kaufleuten und 4 Handwerkern zur Seite, die jedoch weder der Noth noch dem Aufruhrgeist in der Bürgerschaft zu steuern vermag.

1418 Juli 18. Großer Aufstand der Zünfte gegen den Rath. Die Aufrührer erstürmen das Rathhaus und tödten 7 Rathsmitglieder. Sie behaupten sich in der Gewalt, stellen indeß die gesetzliche Ordnung bald wieder her. König Wenzel † 1419.

1420 König Sigismund, Wenzels Bruder und Nachfolger, hält einen Reichstag in Breslau ab, empfängt die Huldigung der böhmischen Nebenländer und läßt das Kreuz gegen die Hussiten predigen. Obwohl sein Bruder Amnestie gewährt hatte, hält er über die Aufrührer von 1418 ein schweres Strafgericht ab, läßt 46 zum Tode verurtheilen und davon 23 hinrichten, schließt die Zünfte vom Rath aus, giebt in einer großen Urkunde allen Zünften neue Statuten, verleiht dem Rathe die Aufsicht darüber und das Recht, daran zu bessern, zu mehren und zu mindern, verbietet die Morgensprachen und bricht so die Macht der Zünfte. Oligarchisches Regiment der Vierundzwanziger.

1439 Sturz desselben durch König Albrecht II. Wiederzulassung zweier Handwerker zum Rathstisch und zweier zur Schöffenbank, was seitdem bis 1740 gesetzlich bleibt. Nur die vier Zünfte der Reichkrämer, Kretschmer, Fleischer und der Tuchmacher der Neustadt sind rathsfähig. Die zünftischen Mitglieder behalten immer die untersten Plätze in beiden Collegien.

König Albrecht wohnte während seiner Anwesenheit in Breslau, die sich bis auf ein Vierteljahr verlängerte, weil er durch einen Fall auf der Treppe einen Beinbruch erlitt, im Goldenen Becher auf dem Ringe. Die kaiserliche Burg war nicht im Stande.

In den traurigen Zeiten der Hussitenkriege ist die Stadt zwar nicht directen Angriffen der wiederholt in Schlesien einfallenden Feinde ausgesetzt, leidet aber schwer durch den Niedergang von Handel und Wandel, den der wilde Krieg herbeiführt. Darüber bildet sich in der Bürgerschaft eine den Hussiten und allen Czechen leidenschaftlich feindselige Stimmung aus.

V. 1439—1526. Die Stadt im Widerstande gegen das czechisch gewordene Böhmen.

1453 Johann von Capistrano, ein Franziskanermönch aus Italien, predigt mit großem Erfolge das Kreuz gegen Türken, Hussiten und Juden, sowie gegen üppiges Leben. Große Judenverfolgung, wobei alle Juden aus der Stadt vertrieben werden und vom König 1455 das Privileg erlangt wird, daß nie wieder welche in Breslaus Mauern wohnen sollen. Gründung der Kirche und des Klosters der Minoriten von der strengen Observanz zu St. Bernhardin in der Neustadt.

1454 December. König Ladislaus Posthumus zur Huldigung in Breslau. Die böhmischen Herrscher pflegten alle nach ihrer Thronbesteigung persönlich in Breslau, dem zweiten Stuhl des Königreichs zu Böhmen, die Huldigung in Empfang zu nehmen. Diesmal weigerten sich die Breslauer ausdrücklich, dem König in Prag zu huldigen, wo er in den Händen der Ketzer sei. Die Huldigung fand am 11. Januar 1455 unter freiem Himmel auf dem Ringe statt, während der König auf einer an der Ecke des großen und des Salzringes errichteten Tribüne saß, die Rathmannen unmittelbar vor ihm, die Bürgerschaft dahinter den Platz erfüllend. König Ladislaus stirbt plötzlich im Nov. 1457.

1458 Die Stadt verweigert dem in Prag zum König gewählten Georg von Podiebrad, weil derselbe ein Hussit und Czeche ist, den Gehorsam. Anfangs hat sie auch die Fürsten Schlesiens auf ihrer Seite, aber selbst als diese sich dem neuen König unterwerfen, verharrt sie im Widerstande, bis der Papst Pius II zwei Legaten zur Vermittelung des Friedens zu ihr sendet. Diese vereinbaren einen Vertrag, wonach sich die Stadt zwar dem König unterwirft, doch die feierliche Huldigung auf drei Jahre hinausschieben darf. Binnen dieser Zeit zerfällt der König mit dem Papste, der Papst billigt jetzt den Widerstand Breslaus und stellt es unter den apostolischen Schutz. Von neuem nimmt der päpstliche Legat, Erzbischof Hieronymus von Kreta und nach ihm Bischof Rudolf von Lavant, in der Stadt seinen Sitz, sie wird der Mittelpunkt aller Bestrebungen zum Sturze Podiebrads, trotzdem ihr eigener Bischof Jost (Jodocus), aus dem böhmischen

Hause der Rosenberg, im böhmisch-nationalen Interesse und in der Hoffnung, den König zum Katholicismus hinüberzuziehen, eifrig für den Frieden wirkt. Freilich arbeiten die Führer des Domkapitels wieder mit aller Macht dem Bischof entgegen. Der Rath wird von der aufgeregten Gemeinde zu immer weiterem Widerstand angetrieben. Die Stadt hält von 1461 bis 1467 einen ständigen Prokurator in Rom bei der päpstlichen Kurie.

1458 Ein böhmisches Heer unter Podiebrad sucht vergeblich die Stadt von der Nordwestseite her zu erobern.

1466 Ein böhmisches Heer sucht wiederum vergeblich durch die Eroberung von Namslau die Stadt von der Verbindung mit Polen abzuschneiden.

1467 Beginn des Krieges der katholischen Liga, gebildet aus den böhmischen Herren, den vom Papste Paul II mit Mühe dazu gedrängten Bischöfen von Breslau und Olmütz und den deutschen Nebenländern der Krone Mähren, Schlesien und beiden Lausitzen, gegen Georg Podiebrad. Niederlage der Breslauer vor Frankenstein. Große Versammlung der Liga in Breslau. Bischof Jost stirbt wenige Tage zuvor, sein Nachfolger wird der päpstliche Legat Rudolf von Rüdesheim, bisher Bischof von Lavant. Der Krieg geht weiter.

1469 Die Stadt huldigt dem Ungarnkönig Matthias Corvinus, den die Partei der katholischen Liga zum böhmischen Gegenkönig gewählt hat. Demselben unterwerfen sich auch die schlesischen Fürsten.

1471—1504 Zweite Bauperiode des Rathhauses. Bau des südöstlichen Erkers und der ganzen Südfassade, der oberen großen Halle. In derselben Zeit werden auch die Thürme zu St. Elisabeth und St. Maria Magdalena ausgebaut; die Spitze des ersteren, die höchste in ganz Schlesien, stürzt 1529 wieder ein. Beginn der Renaissance. Frühestes Werk derselben ein Grabdenkmal in der Elisabethkirche c. 1488. Auch an den Befestigungen wird gebaut, die Thore werden durch Bollwerke verstärkt. Aelteste Ansicht der Stadt in Hartmann Schedels Weltchronik 1493.

1474 Der Ungarnkönig Matthias Corvinus wird in Breslau von dem Polenkönig Kasimir und dem Böhmenkönig Wladislaw belagert, doch müssen die Feinde beim Beginn des Winters mit Schimpf abziehen. Zusammenkunft der drei Könige auf einer kleinen Anhöhe bei Groß-Mochbern.

1475 Matthias, ein entschlossener und kriegerischer Fürst, der seine Herrschaft in Schlesien ohne Rücksicht auf die alten Gewohnheiten und Freiheiten des Landes gewaltsam aufrechthält, verändert die seit mehr als zwei Jahrhunderten bestehende Rathsverfassung, indem er die Rathmannen durch einen Ausschuß aus der Bürgerschaft wählen läßt und einen königlichen Hauptmann an ihre Spitze stellt, wodurch die Selbständigkeit der Stadt in schwere Gefahr kommt.

Kaspar Elyan, Succentor am Kreuzstift, druckt das erste Buch in Breslau, die Statuta synodalia episcoporum Vratislaviensium Conradi, Petri et Rudolphi. Obwohl noch einige andere Bücher aus seiner Presse hervorgingen, fand doch die neue Kunst so wenig Beachtung bei den Breslauern, daß sie sich hierselbst noch keine dauernde Stätte bereiten konnte, ja daß das Andenken an ihre erste Ausübung ganz erloschen war, als 1503 Conrad Baumgarten eine neue Druckerei eröffnete und 1504 die Hedwigslegende druckte.

1481 Stadtschreiber Peter Eschenloer †. Er hat die aufgeregte und ereignißreiche Zeit, die er in Breslau durchlebt hat, erst in lateinischer und später in deutscher Sprache beschrieben.

1489 Aelteste Apothekerordnung, nach welcher nicht mehr als die bereits bestehenden vier Offizinen in Breslau sein sollen. Diese vier alten Apotheken sind: 1) die Kränzelmarkt=Apotheke, schon 1360 erwähnt; 2) die Adlerapotheke, 1484 auf der Albrechtsstraße errichtet und 1828 nach Ring 59 verlegt; 3) die Naschmarktapotheke Ring 44 und 4) die Mohrenapotheke Blücherplatz 3. Erst 1695 wird eine fünfte Apotheke errichtet und bis 1808 noch vier andere privilegirt. Von da ab werden je nach dem Bedürfniß der rasch wachsenden Stadt Concessionen ertheilt.

1490 Der 1487 vom König Matthias zum Hauptmann des Raths eingesetzte Heinz Dompnig, der mehr ein Diener des Königs als der Stadt hatte sein wollen und sich auch durch eigennützige Bereicherung viel Feindschaft gemacht hatte, wird nach dem Tode des Königs von seinen Genossen gestürzt und hingerichtet. Rückkehr zur alten Rathsverfassung, wie sie vor 1475 bestanden hatte.

1492 Erbauung der Staupsäule vor dem Rathhause.

1500 Um diese Zeit dringt das römische Recht auch in Breslau ein. Daher tritt neben den bisherigen Stadtschreiber ein dessen kundiger Beamter, Syndicus genannt.

1505 Vergebliche Bemühungen zur Errichtung einer städtischen Universität, hauptsächlich von Hans Haunold und Gregor Mornberg ausgehend.

1511 Schwerer Streit mit Polen um das Niederlagsrecht. Der Handel Breslaus ist sonst wieder im Aufblühen. Verschiedene Kaufleute legen ihr Geld auch in Bergwerksbetrieben gewinnbringend an. Die Fugger halten in Breslau ein Comptoir. Sie besaßen ein Haus auf dem Ringe gegenüber dem Rathhaus.

1517 Die Lehren Luthers in Wittenberg finden bei der Bürgerschaft und auch bei einem Theile der Geistlichkeit Breslaus freudige Aufnahme.

1522 Vertreibung der Bernhardinermönche aus ihrem Kloster in der Neustadt. Verlegung des alten Barbarahospitals in das Klostergebäude, seitdem Bernhardinhospital genannt.

1523 u. 1525 Der Rath bringt die Besetzung der beiden städtischen Pfarrkirchen zu St. Maria Magdalena und St. Elisabeth mit ihren Filialen zu St. Christophori und St. Barbara in seine Hand. Johannes Heß und Ambrosius Moiban die ersten protestantischen Pastoren. Auch die Pfarrkirche in der Neustadt zum heiligen Geist wird mit dem Hospitale städtisch, worauf der Rath den Gottesdienst in die größere Kirche zu St. Bernhardin verlegt. Die Kirche zum h. Geist stürzt 1597 theilweis ein und wird abgetragen. Die Bürgerschaft wird evangelisch; innerhalb des Jurisdictionsgebietes des Rathes giebt es von 1525 bis 1700 keine katholische Pfarrkirche, doch in den größtentheils unter geistlicher Jurisdiction stehenden Vorstädten bleibt das katholische Kirchenwesen erhalten. Daneben entwickeln sich allmählich zwei evangelische Vorstadtkirchen, zu 11000 Jungfrauen und zu Salvator.

1523 Gründung des Gemeinen Almosens, wodurch die Armen- und Krankenpflege zur Sache der Stadtverwaltung gemacht wird.

1525 Gründung des Allerheiligenhospitals aus städtischen Mitteln. Es wird an der Stelle der alten Zielstätte d. h. des alten Schießplatzes an der Oder erbaut und 1526 fertig. Heß macht sich besonders darum verdient.

VI. 1527—1618. Neue Blüthe der ganz evangelisch gewordenen Stadt.

1527 Ferdinand I, durch den Tod seines Schwagers Ludwig II in der Schlacht bei Mohacs gegen die Türken 1526 König von Böhmen und Ungarn geworden, zieht als erster österreichischer Herrscher in Breslau ein. Bis auf Ferdinand II im Jahre 1617 kommen alle seine Nachfolger zum Empfange der Huldigung des Landes nach Breslau.

Seit den Zeiten Ferdinands werden die Versammlungen der schlesischen Stände (Fürstentage), die nach dem Landesprivilegium von 1498 jährlich zweimal stattfinden sollten, regelmäßig in Breslau, anfangs in der kaiserlichen Burg und später im sogenannten Fürstensaal des Rathhauses, der ehemals die Rathhauskapelle gebildet hatte, abgehalten. Das hat bis zur Eroberung Schlesiens durch Friedrich d. Gr. bestanden.

1528 Städtische Schulordnung. Die darin gewährte Unentgeltlichkeit des Unterrichts wird nicht lange aufrecht erhalten.

1529 Einreißung des Vincenzstiftes und aller im Norden und Nordosten vor der Stadt gelegenen Kirchengebäude aus Furcht, daß sich die Türken, die bereits vor Wien lagen, darin festsetzen könnten. Verlegung der Vincentiner ins alte Jakobskloster, das seit der Zeit Vincenzstift genannt wurde und seit der Säcularisation der geistlichen Güter der Sitz des Oberlandesgerichts ist. Auf dem Platze des alten Vincenzstiftes wurde eine hölzerne Kirche zu St. Michael errichtet, die jetzt durch einen 1871 vollendeten gothischen Steinbau ersetzt worden ist.

1530 Die Stadt erhält das noch jetzt gültige Wappen.

1533 Errichtung des Stadtphysikats, das 1550—1585 von dem großen Arzte Crato von Crafftheim verwaltet wird.

1542 Beginn der kirchlichen Traubücher, 1570 Taufbücher. Todtenbücher bei St. Maria Magdalena 1617, St. Elisabeth 1647, St. Bernhardin 1693. Die große Pest dieses Jahres giebt die Veranlassung, eine Statistik der Opfer derselben herzustellen; das wird bei den folgenden Pestepidemien wiederholt; daraus entwickeln sich in der Folge städtische Todtenbücher, welche 1585 beginnen und im Stadtarchiv aufbewahrt werden. Sie verzeichnen die Gestorbenen bereits nach Alter, Geschlecht und Todesursache.

1543 Die ersten Breslauer Thaler geprägt.

1547 Die Stadt, welche im Schmalkaldischen Kriege sich blosgestellt hat, verliert das Recht der Berufung an den Magdeburger Schöffenstuhl und muß sich fortan an das Obergericht zu Prag wenden, ebenso das übrige Land Schlesien.

1556 Maßregeln zur Hebung der Oberschiffahrt. Man baute nun Oberschiffe zu 40 Ellen Länge.

1558 Kaiser Ferdinand I errichtet als erste landesherrliche Behörde in Breslau die kaiserliche Kammer für Ober- und Niederschlesien.

1559 Der Rathhausthurm erhält seine jetzige Spitze.

1560 Johannes Woysell legt den ersten botanischen Garten an, den zweiten Laurentius Scholz (nach 1580) auf der Weidengasse.

1561 Kaiser Ferdinand I läßt Breslau und Wien vermessen, wobei sich ergiebt, daß Breslaus Umfang 6510 und der Wiens 6041½ Wiener Ellen betrug, so daß also Breslau 468½ Elle mehr hatte als Wien. Außerdem maß die Dominsel 1770 und die Sandinsel 1200 Ellen.

1562 Erster Stadtplan von Barthel Weihner und Georg Uber, 1578 der zweite von Friedrich Groß, 1591 der dritte von Georg Hayer, ein vierter selbständiger bei Braun und Hogenberg Civitates orbis terrarum, von 1587 datirt; seitdem erschien bis 1741 kein selbständiger Stadtplan mehr.

Nachdem schon in der ersten Hälfte des 16. Jahrhunderts die gerundete Mauerlinie durch ausspringende, auch rundliche Pasteien und Bollwerke und durch erweiterte Thorbefestigungen verstärkt worden war, erfolgt gegen Ende des Jahrhunderts ein völliger Umbau der Befestigungen nach dem italienischen System, das geradlinige Mauerabschnitte und Grabenböschungen nebst polygonalen Befestigungswerken einführte. Schon vor der Mitte des Jahrhunderts wurden welsche d. i. italienische Maurer, die sich durch „geschwinde" Arbeit empfahlen, vielfach verwendet.

1565 Die Doppelthürme der Magdalenenkirche erhalten die jetzigen Spitzen.

1566 Die Bürgerschaft scheidet sich in eine kaufmännische Schützengesellschaft, die den alten Schießplatz im Zwinger behält, und in eine bürgerliche Schützengesellschaft, die einen neuen Schießplatz im Werder erhält. Als dieser im Jahre 1776 zur Festung gezogen wird, erlangt sie dafür den jetzigen Schießwerder.

1568 Große Pest.

1570 Berühmte Schulordnung des Petrus Vincentius, ersten städtischen Schuleninspectors.

1573 Aelteste (Post-) Botenordnung.

1580 Einführung der halben Uhr auf dem Rathhausthurm anstatt der ganzen.

1584 Einführung des Gregorianischen Kalenders.

1585 Große Pest, Einführung ständiger Pestärzte.

1603. 1609. 1614 Schießfeste in Breslau.

1608 Aufruhr gegen die Dominikaner.

1609 Der von Rudolf II dem Lande Schlesien ertheilte Majestätsbrief sichert auch den Protestantismus in der

Stadt. Er ermöglicht 1615 dem Rathe die Errichtung eines evangelischen Stadtconsistoriums.

1617 Ferdinand II empfängt die Erbhuldigung. Seitdem besuchte kein österreichischer Herrscher mehr die Stadt.

VII. 1618—1740. Verfall der alten Verfassung und Selbständigkeit.

1620 Febr. Friedrich von der Pfalz zieht mit großer Feierlichkeit als böhmischer König in Breslau ein, giebt den Reformirten freie Religionsübung. Schon vor dem Schluß des Jahres, nach der Schlacht am weißen Berge, kehrt er als Flüchtling wieder.

1621 Der Dresdner Accord sichert dem Lande und der Stadt den Protestantismus.

1622 Beginn des Nothstandes infolge der Prägung schlechter Münzen. Kipper und Wipper.

1626 u. 1627 Die Mannsfelder und Wallensteiner im Lande. Doch erhielt sich die Stadt wenigstens frei von Einquartierungen. Auch die Lichtensteiner, die 1629 u. 1630 das Land wieder katholisch zu machen suchten, wagten sich nicht an die Hauptstadt.

1630 Ferdinand II errichtet in Breslau das Oberamt als schlesische Provinzialbehörde.

1632 Sachsen und Schweden bemächtigen sich der Dominsel und Sandinsel. Bei der Plünderung erleidet auch die Dombibliothek große Verluste. Die Feinde behaupteten sich dort bis 1635.

1633 Breslau nimmt Theil an der Conjunction mit den Schweden, Sachsen und Brandenburgern. Die Befestigungswerke werden eifrig ausgebessert und verstärkt. Größte Pest. Bei einer durch Flüchtlinge vom Lande etwas gesteigerten Bevölkerung von gegen 40 000 Menschen erliegen 18 000 in 7 Monaten.

1635 Breslau rettet zwar im Prager Frieden seine Religionsfreiheit, muß sie aber mit der Abgabe der Hauptmannschaft über das Fürstenthum Breslau erkaufen. Im weiteren Verlaufe des Krieges schützt sich die Stadt durch eine bewaffnete Neutralität leidlich gegen die kriegführenden Parteien.

1636 Wiederholte Unruhen der abgedankten Soldaten, die durch blutige Strenge gedämpft werden.

1638 Einführung der Jesuiten, zuerst im Matthiasstift.

1648 Der westfälische Friede sichert der Stadt von Neuem die Religionsfreiheit zu.

In den letzten Jahren des Krieges und dann nach demselben bis gegen Ende des Jahrhunderts neuer Umbau der Befestigungswerke nach dem Vauban'schen System. Die Stadt behauptet noch immer das jus praesidii, d. h. die Freiheit von kaiserlicher Garnison und auch von vorübergehender Einquartierung. Sie hielt eine angeworbene Garnison unter Führung des Stadtcommandanten, bestehend aus der rothen und grünen Compagnie. Daneben gab es eine Bürgermiliz in 12 Compagnien, von denen je drei auf ein Stadtviertel kamen.

1656 Ein Rathsbeschluß gestattet denjenigen Rathsmitgliedern, die es wünschten, die Führung des Adelsprädikats. Schon seit dem Beginn des 16. Jahrh. hatten einzelne Familien den Adel erlangt, die Zahl derselben stieg allmählich, doch durften die Rathsmitglieder das Wort von bis 1656 nicht gebrauchen. Seitdem dies freigegeben ist, wird bald der ganze Rath bis auf die zünftischen Mitglieder adlig. Die österreichische Regierung gewährte freigebig Adelsverleihungen. Von den neu geadelten Familien vernachlässigten dann viele den Handel, kauften sich auf dem Lande an. Dadurch sanken Wohlstand und Bedeutung der Stadt. Dagegen beginnt sich ein kaiserlicher Beamtenstand zu bilden, dessen Mitglieder meist katholisch sind.

1658 Kaiser Leopold schenkt den Jesuiten die kaiserliche Burg. Auch andere Orden der katholischen Kirche ziehen nach und nach in die Stadt ein, wie die Kapuziner, Franziskaner, Ursulinerinnen, barmherzigen Brüder u. s. w. Die erhöhte Macht und den Reichthum der katholischen Kirche zeigen auch die von ihr bis 1740 ins Leben gerufenen stattlichen Bauten.

1661 Eröffnung der Rehdiger'schen Bibliothek. Ihr Stifter Thomas Rehdiger † 1576 vermacht sie seiner Familie, diese tritt sie 1645 an die Stadt ab, welche schon 1589 ein Lokal in der Elisabethkirche dazu hergegeben hatte. Schon 1601 und nochmals 1644 war bei St. Maria Magdalena eine öffentliche Bibliothek errichtet worden, 1674 schloß sich eine dritte bei St. Bernhardin an. Sie sind jetzt alle in der Stadtbibliothek vereinigt.

1667 Errichtung eines Ballhauses in der Breitenstraße zum Ballschlagen; im 18. Jahrhundert diente es als Theater, 1773 macht es einer Kaserne Platz.

1668 Beginn einer lebhafteren Oberschiffahrt infolge des Baues des Friedrich-Wilhelms-Kanales, der nun für Breslau eine Wasserverbindung bis nach Hamburg eröffnete.
1677 Die Stadt legt das Dorf Morgenau an.
1678 Kaiserliche Verordnung, daß auch Katholiken das Bürger- und Meisterrecht sollen erlangen können.
1678—1697 Neubau des Vincenzklosters, jetzt Oberlandesgericht.
1679 Der Dichter Christian Hofmann von Hofmannswaldau † als Rathspräses.
1680 Bau der Elisabethkapelle im Dom.
1683 Der Dichter Daniel Casper von Lohenstein † als Syndicus.
1689—1698 Bau der Jesuitenkirche, jetzt zu St. Matthias.
1692 Shakespeare's König Lear wird von einer Bande hochdeutscher Komödianten aufgeführt, auch 1699 spielt eine solche Bande hier. Sie führen auch Opern auf.
1693 Edmund Halley veröffentlicht in London die ersten Mortalitätstabellen auf Grund des ihm vom Pastor zu St. Elisabeth Kaspar Neumann gelieferten Materials aus den städtischen Todtenbüchern Breslaus.
1694 Die Rathsmitglieder erhalten durch kaiserliches Diplom das Prädikat Ehrenfest.
1696 Gründung der Gesellschaft der Zwölfer.
1700 Errichtung von vier katholischen Parochien in der inneren Stadt, zu St. Vincenz, St. Matthias, St. Dorothea und St. Adalbert durch den Bischof Franz Ludwig.
1701 Ursulinerinnenkloster nebst Kirche errichtet.

1702 Stiftung der Jesuiten-Universität.

1709—1715 Bau des Sandstifts, jetzt Universitäts-Bibliothek.

1710 Gründung des Klosters der Barmherzigen Brüder. Die Gebäude der Kirche und des Klosters 1715—1722 errichtet.

1710—1720 Bau des Matthiasklosters, jetzt Matthiasgymnasiums.

1714 Straßenbeleuchtung beschlossen. Bau der Czeslawkapelle in der Adalbertskirche.

1720 Gründung des Orphanotrophiums oder katholischen adligen Waisenhauses durch den Fürstbischof Franz Ludwig von Pfalz-Neuburg. Weil derselbe auch Kurfürst und Erzbischof von Trier war, heißt das Orphanotrophium noch jetzt gewöhnlich kurfürstliches Waisenhaus.

1720—1727 Derselbe läßt auch die kurfürstliche Kapelle im Dom erbauen.

1720—1729 Bau der Graf Hochberg'schen Kapelle in der Vincenzkirche.

1725—1734 Italienische Operngesellschaft in Breslau.

1728—1736 Bau der Universität, von deren ursprünglichem Plan wenig über die Hälfte zur Ausführung gekommen ist, an der Stelle der kaiserlichen Burg.

1736 Die Stadt und ihre Umgebungen erleiden schweren Schaden durch eine gewaltige Ueberschwemmung, die der vom 10. Mai bis 22. Juli mit nur dreitägiger Unterbrechung dauernde Regen herbeigeführt hatte. Große Theuerung und Hungersnoth.

1737 Errichtung des Klosters und der Krankenanstalt der Elisabethinerinnen in der Antonienstraße.

Begründung eines Annoncenblattes unter dem Titel: Schlesische Frag- und Anzeigungs-Nachrichten.

VIII. 1741—1807. Breslau als preußische Festung.

1741 Breslau wird preußisch. Zuerst (Januar) gewährt Friedrich II der Stadt einen Neutralitätsvertrag, läßt sie dann aber (Juni) aus Besorgntß vor heimlichen Verbindungen mit den Oesterreichern durch Schwerin besetzen und empfängt (November) im Fürstensaale des Rathhauses die Huldigung des Landes Schlesien. Am 29. December bestätigt er die alten Privilegien der Stadt, soweit sie seinen und seiner Nachkommen Regalien, wie auch überhaupt der allgemeinen Landeswohlfahrt „ohnnachtheilig" seien. Indem der König den alten Rath fortbestehen läßt, setzt er an die Spitze desselben königliche Directoren. Die neuen Mitglieder des Raths werden dann in der Folge vom Könige auf Lebenszeit ernannt, und zwar keineswegs immer aus den Kreisen der einheimischen Bürgerschaft, sie werden für ihre Amtsführung aus der Stadtkasse, aber mit einem vom König festgesetzten Gehalte besoldet. Nur für gewisse Stellen erlangten die Kaufmannschaft und die sogenannten großen Handwerke das Recht, Personen aus ihrer Mitte vorzuschlagen und durch den Rath dem König präsentiren zu lassen. Die Schöffenbank wurde ganz aufgehoben. So nahm die fast reichsstädtische Selbständigkeit Breslaus ein Ende. Dem Rathe oder Magistrate — wie er nun amtlich hieß — blieb in seiner neuen Zusammensetzung nur ein sehr geringer Spielraum zu freier Bewegung.

Der Buchhändler Joh. Jak. Korn erhält das Privilegium der Schlesischen Zeitung, die noch gegenwärtig im Besitz der Familie ist, im Jahre 1742 auch das Privilegium zur Herausgabe der Schlesischen Instanzien-Notiz, jetzt Provinzial-Handbuch.

1742 Jan. 30. Königlicher Gnadenbrief für die Stadt Breslau, daß selbige 1. unter allen königlichen Städten im Range die dritte seyn, 2. deren Magistrat gleiche Titulatur mit dem zu Berlin genießen solle u. s. w.

Der Breslauer Friede beendigt den ersten schlesischen Krieg.

Begründung einer reformirten Gemeinde.

1743 Gassentafeln, Hausnummern, Straßenbeleuchtung eingeführt.

1744 Straßenreinigungsreglement.

1747—1750 Bau der reformirten Hofkirche.

1748 Jan. 28. Neuordnung der städtischen Verwaltung durch das vom König erlassene rathhäusliche Reglement.

1749 Beschädigung der Stadt durch das Auffliegen des Pulverthurmes.

1754 Neue Judenverfassung durch das Edict vom 22. April; dieselbe wird später durch das Edict vom 21. Mai 1790 wesentlich verändert; durch das Edict vom 11. März 1812 werden die Juden hier wie anderswo zu Staatsbürgern erklärt.

Der Schauspieler Franz Schuch erbaut in der Kalten Asche auf der Taschenstraße (Nr. 1) ein Theater, welches 1797 in den Besitz einer Aktiengesellschaft übergeht. 1782 und 1798 umgebaut, ist es bis 1841 benützt worden.

1757 Breslau von den Oesterreichern erobert nach der Niederlage des Herzogs von Braunschweig-Bevern, von Friedrich II nach dem Siege bei Leuthen wiedergewonnen. Flucht des Bischofs Grafen Schaffgotsch.

1759 Beide Domthürme brennen nieder.

1760 Breslau von Laudon belagert und beschossen, von Tauentzien vertheidigt, vom Prinzen Heinrich befreit.

Bei dem Brande geht auch das Hatzfeldt'sche Palais auf der Albrechtsstraße zu Grunde; es wird bald darauf von Langhans dem Aelteren wieder aufgebaut. Dasselbe wird später vom Staat zum Regierungsgebäude erworben und beherbergt jetzt noch das Oberpräsidium.

Nach dem Kriege Erweiterung der Stadtbefestigung durch eine zusammenhängende Kette von Außenwerken, die auch den linksufrigen Theil und die Inseln mit umfaßten. Bau der Kasernen im Bürgerwerder 1787 bis 1789.

1765 Errichtung der königlichen Bank.

Entstehung der ältesten Ressource.

Das Presbyterium der Hofkirche errichtet die Friedrichs-Realschule in Verbindung mit einem Pensionat. Nach dem Eingehen des letzteren verwandelt es 1812 die Schule in ein Gymnasium und tritt 1886 seine Patronatsrechte an den Staat ab.

1766 Auch dem Magdalenen-Gymnasium wird eine Realschule mit Pensionat beigefügt, 1812 wieder reines Gymnasium.

1767 Die von Albrecht von Sebisch zusammengebrachte, von dessen Schwiegersohn Ernst Wilhelm von Hubrig der Stadt geschenkte Gemäldesammlung wird im Magdalenen-Gymnasium der öffentlichen Benützung freigegeben. Sie wurde dann in das 1846 erbaute Ständehaus verlegt, in dem sie bis zur Errichtung des Museums 1880 verblieb.

Katholisches Schullehrerseminar errichtet, sein Lokal ist das ehemalige, 1711—1715 erbaute Jakobskloster. Die dazu gehörige Kirche schon 1688 für die Nonnen zu St. Jakob errichtet.

1768 Plan eines evangelischen Schullehrerseminars von F. E. Rambach entworfen. Das Institut gelangt erst 1780 zu regelmäßiger Thätigkeit.
1769 Errichtung des Oberbergamtes.
1771 Anlage einer Zuckerraffinerie.
1773 Stiftung des Handlungsdiener-Instituts, eröffnet 1774.

Eröffnung der anatomischen Lehranstalt (Zergliederungsbühne).

Der König verbietet die fernere Benützung der Kirchhöfe in der inneren Stadt um die Kirchen herum.
1775 Selenke'sche Stiftung für alte und verunglückte Kaufleute evangelisch-lutherischer Religion.
1776 Errichtung des ersten Sterbekassevereins (erste große Sterbe- und Trauer-Pfennigs-Kasse).
1777 Anlage eines neuen städtischen Kirchhofs vor dem Nikolaithore mit Begräbnißkirche.
1780 Stiftung der Gesellschaft der Brüder.
1785 Beginn der Schlesischen Provinzialblätter.
1787 Nov. 15. Justizreglement für die Stadt, wonach das Magistratscollegium aus 4 Departements bestehen soll,

dem Polizei-Magistrat, dem Stadtgericht, dem Waisenamt und dem Stadtconsistorium.

1787 Errichtung, 1788 Einweihung des Armenhauses am oberen Ende der Schuhbrücke. Ein Legat des Reichkrämers Esaias Sauer ermöglicht den Bau.

1790 Errichtung eines Blitzableiters an der Elisabethkirche.

1791 Stiftung des städtischen Leihamtes.

General von Tauentzien, seit 1758 Commandant von Breslau, †. Seine Söhne lassen ihm durch Langhans und Schadow ein Grabdenkmal innerhalb der Festungswerke an einer Stelle, an der er 1760 in Lebensgefahr gerathen war, und die er sich von Friedrich d. Gr. zur Grabstätte erbeten hatte, errichten. Erst nach Niederlegung der Festungswerke entsteht um das Grabmal herum der nach dem Helden benannte Platz.

Großer Brand auf der Dominsel. Neubau der fürstbischöflichen Residenz durch den seit 1795 regierenden Fürstbischof Joseph Christian, Fürsten Hohenlohe.

1793 Aufruhr der Schneidergesellen.

Gründung der städtischen Offiziantenwittwenkasse.

1798 Christian Garve, der Moralphilosoph, und Samuel Benjamin Klose, der Geschichtsschreiber Breslaus, †.

1799 Stadtrath Joh. Christ. Hickert stiftet das Kinder-Erziehungs-Institut zur Ehrenpforte.

1800 Errichtung der schlesischen Provinzialressource.

1802 Hausarmen-Medicinal-Institut.

1804 Beginn des Kgl. Schutzpocken-Impf-Instituts.

Gründung der schlesischen Gesellschaft für vaterländische Kultur (zuerst: Gesellschaft zur Beförderung der Naturkunde und Industrie Schlesiens).

1805 Begründung der kaufmännischen Ressource, seit dem Statut von 1839 kaufmännische Zwinger- und Ressourcen-Gesellschaft genannt.

1807 Breslau von den Franzosen (Vandamme unter dem Oberbefehl des Prinzen Jérôme) erobert, nachdem es vom 6. December 1806 bis zum 5. Januar 1807 belagert worden war. Die Festungswerke auf Befehl Napoleons geschleift, das Terrain derselben vom Könige der Stadt geschenkt. Die Festungswerke waren durch die Oder in zwei Hälften geschieden, auf der linken Seite wurde auch noch ein Theil von der Ohlau durchflossen. Diese linke Seite der Stadt war von einem mächtigen Wall umgeben, dessen inneren Vertheidigungsbereich 10 hohe Bastionen bildeten, von denen 2, die Taschenbastion und die Ziegelbastion, noch vorhanden sind, während nach außen hin 5 größere Werke heraustraten. Der den Hauptwall umfließende Graben war 120 Fuß breit und darüber, vor ihm befand sich eine Enveloppe von Erde, auf ihren hervorspringenden Winkeln durch kleinere Vorwerke gedeckt und ebenfalls von einem Graben von 60—70 Fuß Breite umgeben; vor diesem Graben dachte sich das Glacis ab. — Auf der rechten Oderseite gab es 3 größere, durch Gewässer der Oder von einander getrennte Werke, den Springstern, das Oderthor-Kronwerk und die Befestigungen des Bürgerwerders. Man nannte die rechte Oderuferseite der Stadt damals noch gewöhnlich die polnische, die linke die deutsche Seite.

Die Ausführung des königlichen Geschenks der Festungswerke rief lange Verhandlungen und Streitigleiten mit den königlichen Behörden, namentlich dem kommandirenden General von Grawert hervor. Bei seiner Anwesenheit in Breslau im Sept. 1810 wiederholte der König die Schenkung noch einmal, doch erst 1813 wurde sie vollzogen. Der Flächeninhalt des schließlich der Stadt übergebenen Terrains betrug fast 500 Morgen.

Den Bestand der Werke stellt ein von Endler gestochener und 1807 veröffentlichter Plan dar.

IX. 1807— Entwickelung Breslaus zur Großstadt.

1809 Infolge der Städteordnung vom 19. November 1808 werden die 5 Vorstädte (Sandvorstadt NO, Ohlauer Vorstadt O, Schweidnitzer Vorstadt S, Nikolaivorstadt W und Odervorstadt NW) mit der Stadt vereinigt; dazu tritt 1810 die Aufhebung aller geistlichen Jurisdictionen, die wie eine andere Mauer ringsum die Stadt umgeben hatten. Neu-Eintheilung der Stadt in 38 innere und 11 vorstädtische Bezirke. Zwischen der inneren und äußeren Stadt werden auf dem Gebiete der ehemaligen Festungswälle breite Promenaden angelegt. Seitdem kann sich die Stadt nach allen Seiten ungehindert entwickeln. Zugleich erlangt sie durch die Städteordnung die Selbständigkeit in ihrer inneren Verwaltung wieder. Dem Magistrat tritt eine aus der Bürgerschaft frei gewählte Stadtverordneten-Versammlung mit dem Rechte der Geldbewilligung für städtische Angelegenheiten zur Seite.

1810 Begründung des schlesischen Provinzialarchivs.

1811 Verlegung der Frankfurter Universität nach Breslau und Vereinigung mit der alten Jesuiten-Universität. Gründung der Königlichen und Universitätsbibliothek.

Durch die Einführung der Gewerbefreiheit (Gesetze vom 2. Nov. 1811 und 7. Sept. 1811) kommen alle privilegirten Verkaufstätten oder „Gerechtigkeiten" (Tuchkammern, Reichkrame, Leinwandlauben, Brotbänke, Schuhbänke) nach und nach in Wegfall durch Ablösung. Auch auf die Beseitigung oder wenigstens Verringerung der den Ring und die angrenzenden Straßen verengenden Bauden, deren Zahl 1810 noch 144 betrug (85 Gunstbauden und 59 grundfeste Bauden) richtet die Stadtverwaltung seitdem unausgesetzt ihr Augenmerk.

1812 Einrichtung der städtischen Schulendeputation. Damit beginnt eine Neuordnung und immer steigende Entwickelung des städtischen Elementarschulwesens.

1813 Friedrich Wilhelm III in Breslau (Jan. 25.), erläßt von hier aus den Aufruf „An mein Volk" (März 17.). Die Franzosen besetzen noch einmal Breslau (Juni 1.–11.).

1815 Errichtung eines evang. Provinzial-Consistoriums und Schulcollegiums, die durch die völlige Instruction von 1817 getrennt werden. Erst 1844 erhält das Consistorium völlige Unabhängigkeit von der Regierung und einen eigenen Präsidenten. Das Breslauer Stadtconsistorium (seit 1615) tritt mit einem Reste seiner früheren Befugnisse in die Reihe der Superintendenturen.

Beginn des Turnens. Erster Turnplatz durch den Seminardirector Harnisch in der ehemaligen Silberschanze vor dem Oderthor eröffnet.

1817 Gründung der (alten) Breslauer Burschenschaft.
   Aufruhr der Landwehrpflichtigen.
1818 Errichtung der schlesischen Blindenunterrichts-Anstalt.
   Erste schlesische Kunstausstellung.
   Katholisches Bürgerhospital zu St. Anna gestiftet.
1818 u. 1819 Breslauer Turnfehde. (Franz Passow — Karl Adolf Menzel.)
1820 Stiftung des kirchlichen Singvereins.
   Begründung der Breslauer Zeitung.
   Gründung des Hospitals für alte hilflose Dienstboten.
1821 Eröffnung des Taubstummeninstituts.
   Schiffte'sche Waisenhaus und Alterversorgungs-Stiftung begründet.
   Errichtung der städtischen Sparkasse.
1821—1822 Abbruch des Tuchhauses und Anlegung der Elisabethstraße.
1821—1823 Neubau der Kirche zu 11000 Jungfrauen.
1823 Eröffnung des Anatomie-Instituts in Verbindung mit der chirurgischen Lehranstalt.
1824 Bau der alten Börse durch Langhans d. J. vollendet.
   Kronprinz Friedrich Wilhelm in Breslau.
1825 Erster schlesischer Provinziallandtag in Breslau abgehalten.
   Die straßenweise Numerirung der Häuser eingeführt. Neue Beleuchtung der Stadt. Anlage der Trottoirs. Preußische Scheidemünze, Maße und Gewichte sollen fortan allein gültig sein.
1827 Errichtung des Blücherdenkmals.
   Bau des Graf Henckel'schen Palais, der jetzigen Generallandschaft, vollendet.

Stiftung des Breslauer Künstlervereins, erste Kunstausstellung desselben. Stiftung des schlesischen Kunstvereins.

1828 Gründung des Gewerbevereins.

1829 Gründung des Schillervereins.

Aufhebung der Thorsperre.

1831 Erstes Auftreten der Cholera.

Frauenverein zur Speisung und Bekleidung Armer.

Errichtung von Kleinkinder-Bewahrungsanstalten, zuerst Kleinkinderschule genannt.

Gesellschaft der Freunde gestiftet.

1832 Schlesischer Verein für Pferderennen und Zucht und Thierschauen.

Das erste Adreßbuch, herausgegeben von Friedrich Mehwald.

Erste vom Gewerbeverein veranstaltete Industrie-Ausstellung, 1850 zehnte.

1833 Das Postamt wird von der Junkernstraße nach der Albrechtsstraße verlegt.

1834 Israelitisches Handlungsdienerinstitut.

Neubau des Hospitals zu 11 000 Jungfrauen und St. Hieronymi.

1835 Reform der Kämmereiverwaltung. Gliederung des Stadthaushalts nach einzelnen Etats. Errichtung der (ersten) Zwinger-Realschule.

1837 Wunster'sche Jubiläumsstiftung für unversorgte Jungfrauen.

Errichtung der Bürgerrettungsanstalt.

Augustenhospital für kranke Kinder armer Leute gegründet, 1838 eröffnet.

1841 Die Stadtbehörden petitioniren um Verleihung einer reichsständischen Verfassung.

Erster Bau des jetzigen, inzwischen zweimal (1865 und 1871) abgebrannten Stadttheaters nach Plänen von Langhans. Vgl. 1754.

1842 Eröffnung der Oberschlesischen, etwas später der Freiburger Eisenbahn, die Niederschlesische wurde erst 1844 eröffnet. Zur Verbindung der Oberschlesischen mit der Niederschlesischen Bahn wird 1845 und 1846 eine Verbindungsbahn angelegt, die anfangs nur die Ueberführung von Gütern mit Pferden in Aussicht nahm, bald aber auch Güter- und Personenzüge mit Dampfkraft beförderte. Um die sehr lästigen Verkehrsstörungen zu vermeiden, wurde 1868 der jetzige Viaduct erbaut.

Mit den 40er Jahren beginnt eine lebhafte Entwickelung der Schweidnitzer Vorstadt.

1844 Bildung des Feuerrettungsvereins, der Bürgerversorgungsanstalt, des evangelischen Schulvereins. Eröffnung des evangelischen Kirchhofs in Gräbschen. Lebhafte politische, socialistische, religiöse Bewegungen. Johannes Ronge († 1887).

Erbauung des Gouvernementsgebäudes.

1845 Bildung einer christkatholischen Gemeinde. Freiherr Melchior von Diepenbrock wird Fürstbischof (—1853). Verein der protestantischen Freunde. Entlassung des liberalen Professors der Theologie David Schulz, des Oberpräsidenten von Merckel.

Begründung der Breslauer Morgenzeitung.

Beginn des Schulturnens.

Errichtung der ersten Gasanstalt.

Gründung der städtischen Ressource (Mittwochs-ressource).

1846 Auflösung des evangelischen Schullehrerseminars. Schwere Schädigung des Breslauer Handels durch die Einverleibung des Freistaates Krakau in Oesterreich. Gründung des Vereins für Geschichte und Alterthum Schlesiens. Erbauung des Ständehauses und der Südseite des Königlichen Palais.

1847 Die Sitzungen der Stadtverordneten werden öffentlich. Große Theuerung. Beginn der Gasbeleuchtung. Denkmal Friedrichs des Großen errichtet.

1848 März 6. Beginn der Unruhen.
März 17. Bürgerbewaffnung.
März 20. Die ersten zensurfreien Blätter.
März 21. Deputation nach Berlin.
April 13. Bildung des schlesischen constitutionellen Centralvereins.
April und Mai. Wiederholte Straßenunruhen.
November. Neue Unruhen.
Errichtung der städtischen Bank, der Breslauer Handelskammer, des Handwerkervereins.
Schlesischer Provinzialverein für das höhere Schulwesen, 1852 aufgelöst, dafür der Wissenschaftliche Verein gebildet.
Gründung der Schlesischen Feuer-Versicherungs-Gesellschaft.
Gründung der constitutionellen Bürgerressource.

1849 März. Auflösung der Bürgerwehr infolge der Märzfeier.

April. Erste öffentliche Gerichtssitzung mit mündlichem Verfahren.

Mai 6. u. 7. Aufstand und Straßenkampf. Belagerungszustand.

August. Erste Sitzung des Schwurgerichts.

November. König und Königin in Breslau.

Errichtung der Realschule zum heiligen Geist.

1850 März 11. Gemeinde-Ordnung für den Preußischen Staat.

Bildung des kaufmännischen Vereins.

Errichtung der evangelisch-lutherischen Diakonissen-Anstalt Bethanien.

Erbauung des chemischen Laboratoriums der Universität.

Die Magdalenenkirche erhält das große Glasgemälde.

1851 Gründung des Thierschutz-Vereins.

Bildung der neuen städtischen Ressource (Freitagsressource).

1852 Erste schlesische Industrie-Ausstellung, zweite 1857, dritte 1870.

Vollendung des Stadtgerichtsgebäudes, jetzigen Amtsgerichts.

Stiftung des Vereins zur Beförderung des Seidenbaus in Schlesien.

1853 Mai 30. Städteordnung für die 6 östlichen Provinzen der Monarchie.

1854 Große Ueberschwemmung.

Eröffnung des jüdisch-theologischen Seminars Fränkel'scher Stiftung.

Nov. 12. Brand der Salvatorkirche.

1855 Cholera.
1856 Schlesischer Bankverein begründet.
Erbauung des Centralbahnhofs.
1856 Nov. bis 1857 Aug. Kronprinz Friedrich Wilhelm als Oberst des 11. Regiments in Breslau.
1857 Begründung des Ordens der Grauen Schwestern von der h. Elisabeth im St. Josephsstift.
1858 Die alte Kaufmannsgilde, das Collegium mercatorum, verwandelt sich in den Verein christlicher Kaufleute, erlangt die Rechte einer juristischen Person durch die K.-O. vom 16. Oct. 1858. Neues Statut des Vereins vom 18. Juni 1859. Da es trotz wiederholter Verhandlungen in den Jahren 1810—11, dann 1822—24 und 1844 nicht gelungen war, eine Umgestaltung der alten Kaufmannsgilde zu einer Gesammtcorporation der Kaufleute einschließlich derjenigen jüdischer Confession herbeizuführen, so hatte schon seit 1848 die Handelskammer die Vertretung der gesammten Kaufmannschaft und ihrer Interessen sowie die Leitung der Börse übernommen. Diese Befugniß wird ihr auch 1858 vom Ministerium rechtlich zuerkannt.
Begründung des Vereins für das Museum schlesischer Alterthümer.
Erbauung der Laurentiuskirche.
1859 Errichtung der städtischen Feuerwehr. Mit dem 1. Juni 1866 tritt ein ständiges Feuerwehr-Corps in Dienst.
Gründung des Vorschußvereins.
1860 Einrichtung des Packträgerinstituts von E. Stangen.
1861 Jubiläumsfeier der Universität.
Eröffnung des ersten Kindergartens.

Niederreißung der 1745—46 erbauten Hauptwache, um für die Errichtung des Denkmals Friedrich Wilhelms III. den Platz zu gewinnen.

Erbauung der eisernen Sandbrücke.

1862 Erster schlesischer Gewerbetag in Breslau.

Gründung des Orchestervereins und des Vereins für Geschichte der bildenden Künste.

Eröffnung der ersten Omnibuslinie.

1863 Bau des neuen Stadthauses vollendet. Der erste Stock nimmt die Stadtbibliothek auf, welche durch Vereinigung der Rehdiger'schen Bibliothek bei St. Elisabeth, der beiden Kirchenbibliotheken zu St. Maria Magdalena und St. Bernhardin und der Rathsbibliothek entsteht, der zweite die Stadtverordneten-Versammlung.

Bis zum Beginn des Neubaues befanden sich an der Stelle des Stadthauses 1) das Leinwandhaus, ein im 16. Jahrhundert in mehreren Absätzen ausgeführter Bau. Er enthielt in seinem unteren Stockwerk die kleine und die neue Wage, während die große Wage frei davor auf dem Platze stand. Die oberen Räume waren seit 1657 zum Leinwandverkauf an den Jahrmärkten und zu Lagerräumen in den Zwischenzeiten bestimmt — 2) das Hopfenamtshaus, nördlich vom ersteren. Das davon östlich gelegene Schmetterhaus war schon 1824 an die Besitzer der Riemerzeile zur Erweiterung ihrer Häuser verkauft worden. Die große Wage war 1846 abgebrochen worden, um den Platz für das Denkmal Friedrichs des Großen zu gewinnen.

Gründung der evangelischen Mägdeherberge, seit 1868 Marthastift.

Gründung einer Stadtschulrathsstelle.

Anlage des zoologischen Gartens.

1863 u. 1864 Berathungen über Regulirung des Stadtgrabens.

1864 Bau einer zweiten Gasanstalt. Der erste Maschinenmarkt. Gründung der Discontogesellschaft.

1865 Mineralogisches und physikalisches Kabinet der Universität.

1866 Mai 15. Patriotische Adresse der Stadt an den König. Es war die erste Erklärung einer Zustimmung zu der kriegerischen Politik der Regierung.

September 18. Feierlicher Einzug des Königs Wilhelm an der Spitze der siegreich heimkehrenden Truppen.

Ankauf der innerhalb der Stadt befindlichen Kasernen vom Militärfiscus. Zuschüttung des Ohlaulaufs innerhalb der Stadt.

Erster Jahrgang des Breslauer Adreßbuchs im Verlage von E. Morgenstern.

Bildung des Consumvereins, des Frauenbildungsvereins, des Aufsichtsvereins für Kostkinder.

Erbauung des Johannesgymnasiums. Das Gebäude nimmt indeß zuerst das Magdalenengymnasium auf, und erst als dieses in seine inzwischen (1867—69) umgebaute Stätte zurückkehrt, wird die neue Anstalt 1869 als konfessionsloses Gymnasium eröffnet.

Juni bis Nov. Cholera-Epidemie. Von 6305 daran erkrankten Personen starben 4455. Auch 1867 forderte die Krankheit noch 575 Opfer bei 871 Erkrankten.

1867 Vollendung der Liebichshöhe. (Am 17. Nov. 1869 Einsturz eines Theiles derselben.)

Vollendung der neuen Börse, zu deren Bau sich 1864 der Börsen-Actien-Verein gebildet hatte.

Gründung der Herberge zur Heimath.

Eröffnung der evangelischen Mittelschule am Stadtgraben, 1868 der katholischen.

Anlage von Communal-Kirchhöfen in Gräbschen und auf den Polinkeäckern.

1867—1869 Bau des Reichen oder Trinitatis-Hospitals.

1868 Schon in den langen Friedensjahren nach 1815, die nicht nur eine Wiederbelebung des Handels, sondern auch eine vielseitige Industrie in der Stadt hervorriefen, hatte sich dieselbe stark nach allen Seiten hin ausgedehnt, so daß sich ihre Bevölkerung von 1815 bis 1866 etwa um 100000 Menschen vermehrte. Infolge der glücklichen Kriege trat das Wachsthum in eine noch viel schnellere Bewegung ein, es wuchsen die Außentheile der Vorstädte mit den naheliegenden Dörfern zusammen; am 1. Januar wurden 7 Dörfer, Gabitz, Höfchen, Neudorf, Lehmgruben, Huben, Fischerau, Altscheitnig mit 14000 Einwohnern der Stadt einverleibt.

Eröffnung der Rechte-Oder-Ufer-Eisenbahn.

1869 Gründung des Humboldtvereins, des Protestantenvereins.

Eröffnung des Lobetheaters.

Vollendung der großen Universitätsbrücke (1866 bis 1869).

1870 Opposition gegen das Infallibilitätsdogma in den katholischen Kreisen der Stadt. Bildung einer alt-katholischen Gemeinde, namentlich durch Hubert Reinkens und Theodor Weber.
Vollendung des Wasserhebewerks.
1871 Bau der Michaeliskirche.
Nov. 3. Einzug der aus Frankreich heimkehrenden Truppen.
1872 Vollendung der neuen Synagoge.
Das f. Z. (f. 1866) vom Militärfiscus erworbene Terrain des Küraffier-Reitplatzes, Kasernenhofes 2c. veräußert die Stadt an J. Schottländer bis auf den für das Museum bestimmten Platz. Dasselbe bedeckt sich schnell mit Gebäuden. Kaiserliches Telegraphenamt.
1873 Beginn der Bebauung des Matthiasfeldes. Der Stadtplan von 1873 zeigt bereits die Straßenzüge, die dann in den nächsten Jahren hergestellt werden.
Durchgreifende Aenderung des Nachtwachtwesens.
Der Erlaß des Gesetzes vom 10. Sept. 1873, betr. die evangelische Kirchengemeinde- und Synodalordnung Preußens, bringt den Gedanken einer Ablösung der evangelischen Kirchen Breslaus von der Stadtbehörde in Fluß. Die Zunahme der katholischen und jüdischen Bevölkerung macht eine Aenderung des bisherigen Zustandes, daß das evangelische Kirchenwesen aus Kämmereimitteln unterhalten wird, wünschenswerth. Die Ablösung kommt nach langen Verhandlungen, die von 1877—1887 geführt werden, im letzteren Jahre zustande.

1874 Nachdem ein Asyl für Obdachlose zuerst mit dem Polizeigefängniß verbunden gewesen und seit 1872 nach der Ballhauskaserne verlegt worden war, wurden die Häuser Schuhbrücke 45/46 dazu umgebaut und eingerichtet.

1875 Innere Restauration des Doms und Ausbau der Vorhalle.

Bau der Lessingbrücke und der Königsbrücke.

1875—1881 Durchführung der Schwemmcanalisation.

1876 Bau der Wilhelmsbrücke, der Reichsbank, der Salvatorkirche vollendet.

1877 Eröffnung der ersten Straßeneisenbahn.

Gründung des Alpenvereins.

1878 Erste schlesische Kunst- und Gewerbe-Ausstellung.

Die Stadt erwirbt das Rittergut Oswitz zur Anlage von Rieselfeldern.

1879 Eröffnung der Gewerbeschule oder Oberrealschule.

Die Feier der 50jähr. Jubelhochzeit des Kaiserpaares giebt Veranlassung, das Augustahospital zu erweitern und in das Wilhelm-Augustahospital umzuwandeln.

1880 Das Museum der bildenden Künste, dessen Errichtung seit dem Jahre 1866 angestrebt worden war, wird eröffnet. Dasselbe nimmt auch das Museum schlesischer Alterthümer auf, das bis dahin in der Universitäts-Bibliothek ganz unzureichende Räume gehabt hatte.

Gründung des Vereins gegen Verarmung und Bettelei.

Neubau des Hospitals zum heiligen Geist.

1881 Bau der dritten Gasanstalt.

Zweite schlesische Gewerbe- und Industrie-Ausstellung.
Erste Kinderferiencolonie.
Sept. 1. Fernsprecheinrichtung in der Stadt mit 29 Sprechstellen eröffnet.

1882 Großes Manöver in der Nähe von Breslau. Anwesenheit des Kaisers, der Prinzen und vieler Fürstlichkeiten in Breslau. Große Festlichkeiten von seiten der Provinz und der Stadt.
Vollendung der Nikolaikirche an der Stelle des 1806 bei der Belagerung abgeschossenen alten Kirchengebäudes.

1884 Mauritiusbrücke vollendet. Umgestaltung der Ohlaumündung. Hafenbauten.

1885 Eröffnung des Wilhelmgymnasiums.

1886 Vordombrücke erbaut, das neue Regierungsgebäude vollendet. Die Restauration der Ostseite des Rathhauses zu Ende geführt.

1887 März 22. Der Nordthurm der Magdalenenkirche brennt ab.
Bau der neuen Post und der Erweiterung des Amtsgerichts im Aeußeren vollendet.
Restauration der Westseite des Rathhauses.
Gründung des Kunstgewerbevereins.
Abschluß der Verhandlungen über die Kirchenablösung, s. 1873. Die Stadtkasse zahlt darnach $1\frac{1}{2}$ Millionen Mark, die sich unter die 7 evangelischen Gemeinden nach der Seelenzahl derselben vertheilen, nämlich St. Bernhardin mit fast 40000, St. Elisa-

beth mit fast 38000, Elftausend Jungfrauen mit über 33000, St. Salvator mit über 28000, St. Maria Magdalena mit gegen 28000, St. Barbara mit 14000 und St. Christophori mit nur 2000 Seelen, die meist der Landbevölkerung angehören.

Einführung eines neuen Reglements, betr. die Fürsorge für die Wittwen und Waisen der Beamten der Stadtgemeinde Breslau, das mit dem Jahre 1888 in Kraft tritt. S. 1793.

An der Spitze der Stadtverwaltung standen von 1741 ab:

Erste Directores.

1751—1752 Johann Chrysostomus Blochmann.
1753—1770 Ernst Karl Heinrich Conradi.
1770—1786 Johann Karl Daniel Hoyoll.
1786—1796 Christian Daniel Schlutius.
1796—1809 Heinrich Friedrich Ludwig Senfft von Pilsach.

Zweite Directores.

1744—1758 Johann Bernhard Glorin, Justizdirectoren.
1758—1773 Christian Joseph Schultes.
1774—1796 Karl Heinrich Wilcke.
1796—1809 Karl Gottlob Müller.

1790—1793 Karl Friedrich Werner, Polizeidirectoren.
1793—1806 Johann Gottlieb Kirchstein.
1806—1809 Gottlob Friedrich Emanuel Doser.

Oberbürgermeister.

1741—1748 Albrecht von Sebisch.
1748—1756 Friedrich Wilhelm von Sommersberg.
1756—1766 Hans Karl von Folgersberg.
1766—1777 Hans Gottlieb von Breßler.
1777—1781 Georg Friedrich Soja.

1781—1786 Christian Daniel Schlutius.
1786—1791 Daniel Gottlob Pauli.
  1791   Johann Gustav Süßmilch.
1791—1794 Johann Christoph Moritz Jäger.
1794—1804 Friedrich Heinrich Ferdinand v. Treskow.
1804—1806 Gottlob Friedrich Emanuel Doser.
1806—1809 Benjamin Gottlieb Müller.

1809—1812 Benjamin Gottlieb Müller.
1812—1832 August Friedrich Karl Freiherr von Kospoth.
1832—1838 Donatus Gottlieb Menzel.
1838—1842 Karl Gottlieb Lange.
1843—1848 Julius Hermann Pinder.
1848—1851 Vacanz.
1851—1863 Alexander Julius Elwanger.
1863—1872 Arthur Hobrecht.
1872—1878 Max von Forckenbeck.
1879—   . Ferdinand Julius Ernst Friedensburg.

Bürgermeister.

1809—1832 Donatus Gottlieb Menzel.
1833—1837 Karl Gottlieb Lange.
1838—1879 Karl Friedrich Eduard Bartsch.
1879—   Gustav Dickhuth.

Vorsteher der Stadtverordneten-Versammlung.

1809—1813	Kaufmanns-Aeltester Moritz.
1813—1814	Commerzienrath Ferd. Schiller.
1814—1817	Bäckermeister Stienauer.
1817—1824	Kaufmann Heller.
1824—1828	Kaufmann Karl Selbstherr.
1828—1831	Maler Schmeidler.
1831—1832	Kaufmann Friedrich Ertel.
1832—1836	Kaufmann Thun.
1836—1838	Kaufmann Ferd. Schiller.
1838—1842	Kaufmann Klocke.
1842—1843	Kaufmann Kopisch.
1843—1844	Kaufmann Klocke.
1844—1845	Kaufmann Kopisch.
1845—1848	Justizrath Gräff.
1848 Juli 1. bis Nov. 20.	Professor Regenbrecht.
1848 Nov. 20. bis 1849 Juni 14.	Dr. med. Grätzer, Stellvertreter.
1849 Juni 14. bis 1850 Dec. 31.	Dr. med. Grätzer, Vorsteher.
1851—1853	Justizrath Gräff.
1854—1862	Generallandschaftssyndicus Hübner.
1863—1864	Justizrath Simon.
1864—1865	Justizrath Bouneß.
1866—1871	Kaufmann Stetter.
1871—1872	Justizrath Lent.
1872—1878	Dr. med. Lewald.
1878—1886	Kaufmann Beyersdorf.
1887—	Justizrath Freund.

Provinzialminister und Oberpräsidenten von Schlesien.

1741—1753 Ludwig Wilhelm Graf von Münchow, Provinzialminister.
1755—1769 Dec. 13. Ernst Wilhelm Graf von Schlabrendorf, Provinzialminister.
1770—1807 Ludwig Anton Graf von Hoym, Provinzialminister.
1808—1813 von Massow, Civilcommissarius, dann Oberpräsident.
1813—1820 von Merckel, Civilgouverneur, dann Oberpräsident.
1820—1824 Interimisticum.
1824 von Schönberg (ein halbes Jahr).
1825 Graf von Bülow (ca. 6 Wochen).
1825—1845 von Merckel.
1845—1848 März 19. von Wedell.
1848 März 25. bis 30. Graf York von Wartenburg als Immediat-Commissarius.
1848 März 30. bis Nov. 20. Julius Hermann Pinder.
1848 Nov. 21. bis 1869 Juni 4. Freiherr von Schleinitz.
1869 Juli 27. bis 1872 Aug. 12. Graf Stolberg.
1873 Mai 26. bis 1874 Nov. 30. Freiherr von Nordenflycht.
1874 Dec. 7. Graf Arnim-Boitzenburg.
1877 März 20. v. Puttkamer.
1879 Juli 30. Carl von Seydewitz.

Vicepräsidenten, später Regierungspräsidenten.

1820 April 20. Richter.
1825 Febr. 24. Freiherr von Kottwitz.
1849 Dec. 22. Graf Zedlitz-Trützschler.
1856 Aug. 29. von Prittwitz.
1863 Aug. 12. von Götz.
1867 Mai 22. bis 1876 Mai 5. Graf Poninsky.
1876 Mai 31. Freiherr Juncker von Ober-Conreut, seit 1881 März 29 Regierungspräsident.

Polizeipräsidenten.

1809 Juni 14. bis 1824 Streit.
1824—1848 März 19. Heinke.
1848 März 29. bis Nov. 23. Kuh.
1848 Nov. 23. bis 1861 v. Kehler.
1861 Juli bis 1862 März. v. Jagow.
1862 Mai bis 1870 Mai. Freiherr August v. Ende.
1870 Freiherr Hans Uslar v. Gleichen.

Landeshauptleute.

(Auf Grund des am 1. Nov. 1869 genehmigten Regulativs für die Organisation der ständischen Verwaltung in der Provinz Schlesien begann dieselbe ihre Wirksamkeit schon mit dem Anfange des Jahres 1870.)

1872—1876 Sept. 30. Karl Graf Pückler.
1876—1885 Juni 10. Max v. Uthmann.
1886 Febr. 1. Wilhelm v. Klitzing.

Reihenfolge der Fürstbischöfe seit dem Beginn des jetzigen Jahrhunderts.

1795—1817 Joseph Christian, Reichsfürst zu Hohenlohe-Waldenburg-Bartenstein. Unter ihm verlor das Bisthum den großen weltlichen Besitz in Preußen infolge des Säcularisations-Edictes vom 30. Okt. 1810.
1824—1832 Emanuel von Schimonski.
1836—1840 Leopold II Graf Sedlnicky.
1843—1844 Joseph Knauer.
1845—1853 Melchior Freiherr von Diepenbrock.
1853—1881 Heinrich II Förster, abgesetzt 1875 Oct. 6.
1882—1886 Robert II Herzog.
1887— Georg Kopp.

Präsidenten und Generalsuperintendenten beim Königlichen evangelischen Consistorium. 5. 1815.

A. Consistorialpräsidenten.

1844 Graf zu Stolberg-Wernigerode.
1848 Febr. v. Uechtritz, seit Febr. 1850 durch den Oberpräsidenten vertreten.
1854 Sept. v. Röder.
1867 Dec. Wunderlich.
1882 Oct. Stolzmann.

B. Generalsuperintendenten.

1829 Mai bis 1830 Oct. Joh. Gottl. Bobertag.
1831 Nov. bis 1843 Juli. F. Ribbeck.
1843 Febr. bis 1863 Mai. August Hahn.
1864 Jan. — David Erdmann.

Vertreter Breslaus im preußischen Landtage.

Im Vereinigten Landtage.

1847 April. Maurermeister Tschocke, Fabrikant Milde, Partikulier Siebig.

In der constituirenden Versammlung.

1848 Mai. Schriftsetzer Brill, Dr. Stein, Professor Nees v. Esenbeck.

In der zweiten Kammer.

1849 Febr. Dr. Stein, Stadtgerichtsrath Pflücker.
1849 Aug. Justizrath v. Görtz, Dr. Möcke.
1852 Mai. Syndicus Anders, Justizrath Graeff (Ersatzwahlen).
1852 Nov. Justizrath Graeff, Appellationsgerichts-Rath Wentzel in Ratibor.

Im Abgeordnetenhause.

1855 Nov. Bürgermeister Bartsch, Kaufmann Grund, Kaufmann Th. Molinari.
1856 Oberregierungsrath Steinbeck, Stadtgerichtsrath Fürst (Ersatzwahlen für Bartsch und Grund).
1858 Oberpräsident z. D. Pinder, Kreisrichter Fliegel, Fabrikbesitzer Rud. Schöller.
1861 Dec. Oberberghauptmann v. Carnall, Prof. Röpell, Appellationsgerichts-Präsident a. D. v. Kirchmann.
1862 Mai. v. Kirchmann, Justizrath Simon, Kreisrichter Pflücker.

1863 Jan. Kaufmann Laßwitz (Ersatzwahl für Simon).
Oct. v. Kirchmann, Laßwitz, Pflücker.
1865 Jan. Ziegler (Ersatzwahl für Pflücker).
1866 Juli 3. v. Kirchmann, Laßwitz, Ziegler.
1867 Nov. v. Kirchmann, Laßwitz, Ziegler.
1870 Dec. Kreisgerichtsdirector Wachler, Assessor a. D. Jung, Graf Dohna-Kotzenau.
1873 Nov. Wachler, Jung, Graf Dohna-Kotzenau.
1876 Oct. Rechtsanwalt Freund, Dr. Alexander Meyer, Wachler.
1879 Oct. Stadtrath Severin, Meyer, Wachler.
1882 Oct. Gutsbesitzer Dirichlet, Meyer, Stadtsyndicus Zelle in Berlin.
1885 Nov. Dirichlet, Meyer, Stadtrichter a. D. Friedländer.
1887 April Gutsbesitzer v. Saucken-Julienfelde (Ersatzwahl für Dirichlet).

In der ersten Kammer.

1849 Febr. Graf Brandenburg, Oberlandesgerichts-Rath Wachler.
1850 April. Graf Brandenburg, Stadtgerichtsrath Lympius in Berlin.
1850 Dec. Graf York von Wartenburg (Ersatzwahl für Graf Brandenburg, legt Mai 1851 nieder).
1851 Nov. Graf Burghauß, Lympius.
1852 Nov. Assessor Eberty, Stadtrath Pulvermacher.
1853 Nov. Oberbürgermeister Elwanger, Pulvermacher.
1854 Nov. Elwanger für die Stadt, Prof. Tellkampf für die Universität.

Im Herrenhause.

Von 1855 ab als Vertreter der Stadt die amtshabenden Oberbürgermeister, als Vertreter der Universität Professor Tellkampf bis 1876 Febr. 15, seitdem Professor Röpell.

Vertreter Breslaus in der Deutschen Nationalversammlung zu Frankfurt a. M.

1848 Dr. Arnold Ruge und Stadtgerichtsrath Heinrich Simon.

Vertreter Breslaus im Deutschen Parlament zu Erfurt.

1850 Oberstaatsanwalt Fuchs.

Vertreter Breslaus im Reichstage des Norddeutschen Bundes.

1867 Febr.   Justizrath Bouneß, Justizrath Simon.
1867 Aug.   Appellationsgerichts-Präsident v. Kirchmann, Oberbürgermeister a. D. Ziegler.

Vertreter Breslaus im Deutschen Reichstage.

1871 März.   v. Kirchmann O, Ziegler W.
1874 Jan.   v. Kirchmann O, Ziegler W.
1877 Febr.   Commerzienrath Leo Molinari O, Schriftsteller Heinrich Bürgers W.

1878 Aug. Photograph Reinders O, Bürgers W.
1879 Febr. Justizrath Freund (Ersatzwahl) W.
1879 Juli. Schriftsteller Hasenclever (Ersatzwahl) O.
1881 Nov. Hasenclever O, Sattler Julius Kräcker W.
1884 Nov. Hasenclever O, Kräcker W.
1887 März. Oberpräsident v. Seydewitz O, Kräcker W.

Wappen der Stadt Breslau.

Inmitten des vierfach getheilten Schildes eine silberne Schüssel mit dem Haupt Johannis des Täufers, im ersten Felde der einwärts gekehrte, weiße, gekrönte, doppelt geschweifte böhmische Löwe in Roth, im zweiten nach rechts gekehrt der schwarze schlesische Adler mit der silbernen Binde (Mondschein) auf der Brust in Gold, im dritten ein schwarzes W in Gold und im vierten rothen Felde das Haupt Johannis des Evangelisten, nach unten am Halse mit einer gestürzten Krone verbrämt. Auf dem Schilde ein gekrönter Turnierhelm mit rothweißen Helmdecken. Ueber der Krone erhebt sich das Haupt Johannis des Evangelisten, rechts und links begleitet von zwei überzwerch gesteckten, roth und weiß gevierteten Fahnen.

Den Wappenbrief hat Kaiser Karl V der Stadt verliehen, Augsburg, den 10. Juli 1530. Im Jahre 1536 wurde das Wappen auf der Westseite des Rathhauses in Stein angebracht.

Stadtfarben roth und weiß.

Bevölkerung.

- 1400 ca. 20 000 Einwohner.
- 1600 ca. 40 000 "
- 1749 49 986 Einwohner, davon 16 520 in den Vorstädten.
- 1806 66 451 " incl. Militär.
- 1843 103 204 " " "
- 1861 145 589 " " "
- 1871 207 997 " " "
- 1875 239 050 " " "
- 1880 272 912 " " "
- 1885 Dec. 1. 299 640 Einwohner, incl. 5062 active Militärpersonen, davon evang. 172235, kath. 108 631, jüd. 17 665, sonst 1121.
- 1887 Dec. 31. 305 308 Einwohner.

- 1780 Gebäude 3385, davon 1297 in den Vorstädten, von den letzteren 1070 mit Stroh oder Schindeln gedeckt.
- 1880 Gebäude 10 578, wovon 8226 bewohnt, 2352 unbewohnt.

In J. U. Kern's Verlag (Max Müller) in Breslau sind erschienen und in allen Buchhandlungen vorräthig:

Neuester Plan von Breslau.

Nach dem vom Magistrat herausgegebenen Plane in vergrößertem Maßstabe gezeichnet und lithographirt von H. Brunn. Mit alphabetischem Verzeichniß der Straßen, öffentlichen Gebäude ec. und den wichtigsten Nachweisungen für Fremde.

Maßstab 1 : 7150. — In Farbendruck.

Preis: 1 M. 20 Pf.

Brieftaschen-Plan von Breslau.

Nebst Verzeichniß der wichtigsten Straßen, Plätze, öffentlichen Gebäude ec.

Preis: 15 Pf.

Situations-Plan der vormaligen Festungswerke von Breslau.

Nach deren Beschaffenheit im Jahre 1806.

Preis: 1 M. 20 Pf.

Plan der Umgegend von Breslau.

Nach den neuesten Veränderungen gezeichnet von Hans von Aigner. Erweitert und verbessert durch den Vorsteher des Königl. Katasteramtes des Breslauer Landkreises, Vermessungs-Revisor Gause.

Maßstab 1 : 50 000.

Preis: auf Papier 2 M., auf Leinwand 2 M. 50 Pf.

Druck von Graß, Barth u. Comp. (W. Friedrich) in Breslau.